AF586833

LA PAGE 24,

OU

LES SOUVENIRS DE MA GRAND'MÈRE,

COMÉDIE-VAUDEVILLE EN UN ACTE,

PAR MM. DE LEUVEN, BARTHÉLEMY ET LHÉRIE.

REPRÉSENTÉE POUR LA PREMIÈRE FOIS A PARIS, SUR LE THÉATRE DE LA GAITÉ, LE 10 JANVIER 1837.

DIRECTION BERNARD-LÉON.

— Ah! mon Dieu!..—Ah! mon Dieu!.. (SCÈNE XVI.)

PARIS,

NOBIS, ÉDITEUR, RUE DU CAIRE, N° 5.

—

1837.

Personnages.	*Acteurs.*
ALFRED DE SAINT-VALLIER.	MM. **Eugène.**
THOMAS.	**Raymond.**
JÉROME, jardinier.	**Darcourt** aîné.
Mme D'AUBONNE.	Mmes **Chéza.**
LÉONIDE, sa petite-fille.	**Rougemont.**
JEANNETTE, jeune paysanne, au service de Mme d'Aubonne.	**Léontine.**

La scène se passe à la campagne, dans le château de Mme d'Aubonne.

J.-R. Mevrel, Passage du Caire, 54.

LA PAGE 24,

COMÉDIE-VAUDEVILLE EN UN ACTE.

Le théâtre représente un jardin. Mur au fond, avec une petite porte verte au milieu. A droite, un pavillon avec porte et fenêtre ouvertes vis-à-vis du public; tout-à-fait en vue, dans ce pavillon, un grand portrait en pied; une bibliothèque, un petit bureau avec tout ce qu'il faut pour écrire. A gauche, un berceau près duquel est une table de jardin; l'entrée d'une niche à chien, à droite.

SCÈNE I.

Mme D'AUBONNE, assise à la petite table sous le berceau à gauche, et déjeunant; JEANNETTE.

Mme D'AUBONNE.

Jeannette!.. ma petite-fille est-elle levée?..

JEANNETTE.

Pas encore, madame.

Mme D'AUBONNE.

Comment? il est midi!.. voilà bien nos jeunes Parisiennes!.. se coucher à une heure du matin!.. et puis, on se plaint, on a mal à la poitrine... mais tout cela va changer; et puisque les parens de Léonide ont consenti à me laisser le soin d'achever son éducation à la campagne, je veux l'élever dans les bonnes traditions d'autrefois... comme dans ma jeunesse, enfin, lorsque j'avais seize ans...

JEANNETTE.

Dire, madame, que vous avez été aussi jeune que ça?..

Mme D'AUBONNE.

Taisez-vous, petite sotte!.. voyons, a-t-on fait ma commission? ma lettre au médecin a-t-elle été remise hier au soir?.. il se fait bien attendre... mes nerfs me font souffrir horriblement!..

JEANNETTE.

Oui, madame, le garde-champêtre a été à la ville; mais le docteur n'était pas chez lui... ah! dam!.. c'est qu'il est très couru ce jeune docteur... il n'y a que huit jours qu'il est arrivé de Paris... En même temps, le garde-champêtre a porté une lettre de papa chez le vétérinaire.

Mme D'AUBONNE.

Pourquoi faire?

JEANNETTE.

C'est qu'il n'y a pas que vous de malade dans le château... il y a encore la Grise; vous savez ben, la Grise... pauvr' bête...elle regimbe toujours... il faut aussi qu'elle ait des maux de nerfs...

Mme D'AUBONNE.

C'est bon, bavarde!.. va prévenir ma petite-fille que je l'attends ici.

(Jeannette sort.)

SCÈNE II.

Mme D'AUBONNE, seule.

Qu'est-ce qui m'aurait dit qu'à mon âge, je serais chargée de l'éducation d'une jeune fille de dix-sept ans?.. Eh bien!.. je n'en suis pas fâchée, ce sera une distraction pour moi, qui suis restée seule dans ce vieux château, depuis la mort de M. d'Aubonne... J'aurai, je pense beaucoup à faire avec ma Léonide, ou plutôt à défaire, car, ils me l'ont gâtée, dans leurs pensionnats de Paris... heureusement, il y a encore du remède, elle est si naïve! si innocente!.. ma foi, il était temps... j'ai fait hier ma tournée dans sa chambre... qu'a-t-elle rapporté avec elle, de la capitale?.. une harpe, des romances, des livres... et quels livres?.. PLIC-PLOC, BUG, HAN, COUKARATCHA... Nous ne connaissions pas tout ça, de notre temps... allons, allons! je veux qu'elle prenne goût aux lectures édifiantes... et je vais lui faire un choix de bons livres dans ma bibliothèque... (Elle ouvre la porte du pavillon et y entre.) Ah! je suis bien ici!.. personne autre que moi, n'entre dans ce petit pavillon, c'est ma solitude, mon oratoire... c'était ma chambre quand j'étais petite fille... (S'approchant de la bibliothèque) Voyons!.. quels livres vais-je donner à Léonide?.. LES AVENTURES DE TÉLÉMAQUE, FILS D'ULYSSE?.. C'est encore un peu risqué... cherchons quelqu'autre chose... mais quel est ce vieux manuscrit?.. Ah! ce sont mes œuvres aussi... MES SOUVENIRS... C'est ma vie!.. lorsque j'avais l'habitude d'écrire tous les soirs, les actions de ma journée; là, sont renfermés mes peines, mes plaisirs... tout cela est plein de poussière.

AIR : Simple soldat, né d'obscurs laboureurs.

En relisant ici mes souvenirs,
Oui, malgré moi, je sens couler mes larmes,
Je me revois jeune, aimant les plaisirs,
Pour moi, ce livre aura toujours des charmes...
Il me rappelle, enfant, mes malins tours,
Il me retrace et ma joie et ma peine...
J'y vois aussi mes premières amours;
Mais cette histoire, hélas! de mes beaux jours,
N'est plus que de l'histoire ancienne...

(Elle ouvre le manuscrit qu'elle parcourt des yeux.)

« Je fais ma première communion... on me fait cadeau d'une petite mon» tre en or... on me fait sortir du couvent... on veut me donner pour mari » M. d'Aubonne, gobletier du roi, pour lequel je ne me sens aucune sym» pathie... » — Que vois-je?.. oh! maudite page vingt-quatre!.. que je voudrais ne l'avoir jamais écrite!..

AIR : Le luth galant

Je me souviens de cet accident-là...
Et pour toujours mon front en rougira...
Mon Dieu, pardonne-moi cet instant de délire!
Selon mon habitude, hélas! j'ai dû l'écrire,
Ce que j'ai fait, ici, je n'ose le relire...
Mais j'avais dix-sept ans quand cela m'arriva!

Arrachons vite cette page!..

LÉONIDE, accourant sur le théâtre.

Bonne maman... bonne maman... me voici!..

(Elle a un panier à ouvrage sous le bras.)

Mme D'AUBONNE.

Ah! mon Dieu!.. j'entends ma petite-fille!..

(Elle met vivement la page déchirée dans son sein, serre le manuscrit dans le tiroir du bureau, et sort précipitamment du pavillon.)

SCÈNE III.

Mme D'AUBONNE, LÉONIDE.

LÉONIDE, courant l'embrasser.

Bonjour, grand'maman!..

Mme D'AUBONNE.

Tu as déjà déjeuné?..

LÉONIDE.

Oui, j'ai pris mon thé...

Mme D'AUBONNE.

Du thé?.. pour t'agacer les nerfs, n'est-ce pas?.. de notre temps, nous mangions une bonne panade... je suis sûre que le médecin que j'ai envoyé chercher, blâmera comme moi ton régime...

LÉONIDE.

Ah! vous avez appelé un médecin?..

Mme D'AUBONNE.

Oui, ce jeune docteur qui est arrivé de Paris... je me sens indisposée... Voyons, ma fille, te plais-tu près de moi?.. depuis huit jours que tu es dans ce château, commences-tu à te faire à cette vie champêtre?

LÉONIDE.

Oh! je ne m'ennuie pas ici, mais je m'amusais bien à Paris: d'abord, dans le monde, je retrouvais mes jeunes camarades de pension, et nous parlions avec bonheur du temps que nous y avons passé...

Mme D'AUBONNE.

C'est cela, vante bien tes pensionnats de Paris, qu'est-ce que tu y as appris?..

LÉONIDE.

Comment, grand'mère? j'ai eu un prix d'histoire, de géographie, de mythologie...

Mme D'AUBONNE.

Eh bien! je vais t'interroger.

AIR d'Édouard Bruguières.

A me répondre qu'on s'apprête;
Mademoiselle, attention!
Qu'est-il resté dans votre tête,
De ces trois ans de pension?

LÉONIDE.

Maman, voulez-vous de l'histoire?
« Vivant paisible en son castel,
» Quand Charle auprès, d'Agnès Sorel,
» Oubliait son peuple et la gloire,
» L'amour...

Mme D'AUBONNE, l'interrompant.

L'amour!.. assez comme cela...

ENSEMBLE.
Passons sur ce chapitre-là.
LÉONIDE.
Restons sur ce chapitre-là!

Mme D'AUBONNE.

Voyons, dans la géographie,
Vous avez eu quelques succès;
Laissons la Grèce et la Turquie,
Et parlez-moi du sol français!..

LÉONIDE.

« De l'Europe, Paris est l'ame;
» Là, tous les arts sont réunis.
» On dit que ce charmant pays
» Est le paradis d'une femme,
» L'amour...

Mme D'AUBONNE, l'interrompant.

L'amour!.. assez comme cela!..

ENSEMBLE.
N'apprend-on rien que l'amour ne soit là...
LÉONIDE.
Toujours, toujours l'amour est là...

Mme D'AUBONNE.

L'amour! de mon temps, on n'aurait jamais osé prononcer ce mot-là au couvent; mais aujourd'hui, on élève autrement les jeunes filles, et qu'est-ce donc, quand elles vont dans le monde?.. je suis sûre que déjà tes parens t'y ont conduite...

LÉONIDE.

Certainement; j'allais avec eux, aux Bouffes, à l'Opéra, au bal... oh! le bal!.. la valse! le galop!..

Mme D'AUBONNE.

La valse!..sais-tu, Léonide, que la valse et M. de Voltaire... voilà ce qui a amené la révolution?

LÉONIDE.

Nous galopions si bien, nous deux Alfred...

Mme D'AUBONNE.

Alfred... qui?..

LÉONIDE.

Eh! bien... Alfred!

Mme D'AUBONNE.

Ce n'est pas un nom, ça!

LÉONIDE

Que de jolies choses il écrivait sur mon album!..

Mme D'AUBONNE.

Malheureuse enfant! tu avais un album!..

LÉONIDE.

Un soir, pendant qu'on parlait politique et qu'on jouait au whisth chez papa... Alfred s'approcha de moi timidement et les larmes aux yeux, il me dit tout bas qu'il m'aimait...

Mme D'AUBONNE.

Et tu ne lui as pas donné un soufflet?

LÉONIDE.

Il me pressait la main si doucement que je n'eus pas la force de la retirer... lorsqu'il apprit que mes parens me confiaient à vos soins, et que j'allais vivre loin de lui, il me peignit son désespoir, et conçut le projet...

Mme D'AUBONNE, l'interrompant.

Et c'est à moi, que vous osez conter tout cela?

LÉONIDE.

Oh! ne vous fâchez pas, bonne maman... (A part.) Et moi, qui allais tout lui dire...

Mme D'AUBONNE.

Il était temps, mademoiselle, que je vous enlevasse aux séductions qui vous entouraient... désormais, vous voudrez bien oublier ce M. Alfred?..

LÉONIDE.

L'oublier!.. comment faire?..

Mme D'AUBONNE.

C'est en s'occupant sans cesse, en travaillant, qu'on chasse ces mauvaises idées-là... on cultive les fleurs, on lit de bons ouvrages, on brode, on tricotte...

LÉONIDE.

Mais comment empêcher sa voix si douce, de retentir à mon oreille comme s'il était là?..

Mme D'AUBONNE.

On tricotte!

LÉONIDE.

Et si son image m'apparait, dans mon sommeil?

Mme D'AUBONNE.

On tricotte... (Se reprenant.) On dort, mademoiselle... d'ailleurs, je connais un moyen de combattre cette folle passion... c'est de te marier.

LÉONIDE, vivement.

Avec Alfred?..

Mme D'AUBONNE.

Du tout! jamais avec ce mauvais sujet-là... mais avec quelqu'un de sage, de raisonnable, un homme riche enfin... j'ai déjà parlé de ce projet à tes parens qui s'en rapportent entièrement à ma vieille expérience...

LÉONIDE.

Ah! grand'mère... que m'apprenez-vous là!.. Ce pauvre Alfred, qui m'écrivait encore l'autre jour...

Mme D'AUBONNE.

Comment! il a été assez osé pour vous écrire?.. et avez-vous répondu?

LÉONIDE.

Non, grand'maman, pas encore.

Mme D'AUBONNE.

Eh bien! mademoiselle, vous allez lui répondre.

LÉONIDE.

Eh quoi! vous voulez?..

Mme D'AUBONNE.

Oui!.. mais une lettre qui détruise toutes ses espérances, et qui lui prouve tout le respect que vous avez pour les volontés de vos parens.

LÉONIDE.

Je ne pourrai jamais me décider...

Mme D'AUBONNE.

Je l'exige, par toute l'autorité que me donne sur vous ma qualité de grand'mère... surtout, que cette lettre n'ait pas l'air de vous être imposée par la force, mais bien dictée par votre cœur et votre raison... vous allez la faire sur-le-champ, dans votre chambre, je reviendrai tout à l'heure, la prendre; vous me la montrerez, j'y ajouterai ce que je croirai convenable et je la mettrai moi-même à la poste.

AIR : Allons, prouve ton zèle.

LÉONIDE.

Pour mon cœur, peine extrême,
On me force, en ce jour,
D'écrire à ce que j'aime,
Qu'un autre a mon amour!..

Mme D'AUBONNE.

A votre âge, ma fille,
Oui, l'on prend, c'est la loi,
Un mari pour sa famille,
Mais jamais pour soi.

ENSEMBLE.
C'est pour son bonheur même
Qu'on la force en ce jour,
D'écrire à ce qu'elle aime,
Qu'un autre a son amour.

LÉONIDE.

Pour mon cœur, peine extrême, etc.

Mme d'Aubonne sort.

SCÈNE IV.

LÉONIDE, puis JEANNETTE.

LÉONIDE.

Et elle dit qu'elle m'aime!.. oh! que j'ai bien fait de m'arrêter dans mes confidences!.. j'allais lui apprendre qu'Alfred m'a suivie, qu'il est dans les environs de ce château et qu'il n'a pas encore pu me voir.

JEANNETTE, entrant en pleurant.

Dieu, est-il possible!.. que je suis malheureuse!..

LÉONIDE.

Jeannette, l'as-tu vu?..

JEANNETTE.

Qui ça?.. M. Alfred?.. non, mamzelle, mais j'ai vu Thomas...

LÉONIDE.

Qu'est-ce que c'est que Thomas?

JEANNETTE.

Vous savez ben, mamzelle, c'est mon amoureux... un gros joufflu, qui est garcon meunier et serpent de la paroisse de Miremont, à deux lieues d'ici... j'ai fait sa connaissance à la fête... est-il aimable, c't être-là!.. il ma pincée, je lui ai donné trois coups de poing; nous sommes-nous aimés ce jour-là!..

LÉONIDE.

Qu'est-ce qui vous empêche de vous marier?..

JEANNETTE.

Rien du tout!.. c'est papa; sans connaître ce garçon, il l'a pris en grippe, et il ne veut pas qu'il me fréquente... je viens de le voir, ce pauvre Thomas, il est au désespoir, il parle tout seul, il fait de grands gestes, il marche à reculons, il est déjà tombé deux fois dans la mare au canards.

LÉONIDE.

Pauvre Jeannette!.. je suis bien triste aussi... on veut que je congédie Alfred!..

JEANNETTE.

Un si beau jeune homme!

LÉONIDE.

Ma grand'mère me force à lui écrire une lettre que désavoue mon cœur... c'est pour ça que je vais aller m'enfermer dans ma chambre... Y a-t-il tout ce qu'il faut?

JEANNETTE.

Ah! mamzelle, je vous demande bien pardon, j'ai usé tout votre papier à écrire à Thomas; mais ça n'a servi à rien.

LÉONIDE.

Pourquoi cela?

JEANNETTE.

Il ne sait pas lire.

AIR : J'en guette un petit de mon âge

Ça le dépit', ça le met en colère,
D'être à son âge, encore un ignorant;
Mais grace à l'instruction primaire,
Il épel' déjà couramment...
Pauvre Thomas!.. son frér' m'annonce,
Qu'il fait des progrès étonnans;
Et qu'à mes lettr's avant six ans,
Il pourra faire une réponse.

LÉONIDE.

Il faut pourtant que j'obéisse à grand'maman... comment vais-je faire?.. Ah! j'y pense!.. dans ce pavillon où je la vois se renfermer souvent, je trouverai sans doute ce qui m'est nécessaire... précisément, la clé est à la porte!..

JEANNETTE.

Ah! si madame vous voyait dans son oratoire!.. comme elle vous gronderait; à peine si elle me permet d'y entrer, pour y ranger.

LÉONIDE.

Oh! je n'y resterai que le temps d'écrire quelques lignes... (Elles entrent toutes deux dans le pavillon.) Tiens! c'est gentil, ici!.. ce grand portrait?.. c'est un mousquetaire?

JEANNETTE.

Non, non! madame nous a dit que c'était un Saint-Georges.

LÉONIDE.

Voyons, voyons, cette maudite lettre... (S'asseyant au bureau.) Voilà tout ce qu'il me faut, allons!.. Cher Alfred!.. (Elle écrit.) me contraindre à lui avouer que je n'ai plus d'amour pour lui... s'il allait le croire, il est assez méchant pour ça.

JEANNETTE, regardant sur la porte.

Dépêchez-vous, mademoiselle, je tremble que madame n'arrive!..

LÉONIDE, soupirant.

J'ai fini, il ne me reste plus qu'à mettre l'adresse... il me faudrait une enveloppe... ah! dans ce tiroir... (Elle ouvre le tiroir et cherche en dérangeant des papiers.) Quel est ce cahier?.. un manuscrit?.. c'est l'écriture de ma grand'mère... est-ce qu'elle fait des romans?.. (Lisant.) MES SOUVENIRS.

JEANNETTE, se rapprochant d'elle vivement.

Oh! ça doit être drôle... (Vivement.) Lisons, lisons, mamzelle... Ah! j'y songe: puisque vous avez fini d'écrire, quittons d'abord ce pavillon.

LÉONIDE, le cahier à la main.

Tu as raison. (Elles sortent du pavillon dont elles ferment la porte.)

JEANNETTE.

Maintenant, voyons vite!..

LÉONIDE, lisant.

« Chapitre premier. — J'ai seize ans, je sors du couvent. » — Tiens!. comme moi!.. excepté que j'en ai dix-sept, et que je sors de pension... (Lisant.) « On veut me donner pour mari, monsieur d'Aubonne, gobletier du » roi, pour lequel je ne me sens aucune sympathie... » — C'est comme moi... je suis sûre que je ne pourrai pas souffrir le mari que ma grand'mère veut me faire épouser...

JEANNETTE.

Tiens!.. c'est aussi amusant à lire que Mathieu Lænsberg... Oh! mamzelle, lisez encore un peu...

LÉONIDE, lisant.

« Je vois pour la première fois, chez mon oncle l'échevin, un jeune mous- » quetaire, à la tournure la plus séduisante. » — C'est tout-à-fait mon Alfred.

JEANNETTE.

C'est tout juste mon Thomas, quand il ne sort pas de la mare.

LÉONIDE, lisant.

« Nous attendions un directeur: Saint-Vallier s'introduit chez mon père sous le costume d'un jeune abbé. » — Oh! qu'Alfred serait gentil comme cela!

JEANNETTE.

Que Thomas serait beau en curé!

LÉONIDE.

Oui, mais les directeurs sont passés de mode...

JEANNETTE.

Quel dommage!

LÉONIDE.

Ah! une idée! il y a des médecins...

JEANNETTE.

Il y a des vétérinaires...

LÉONIDE.

Justement, ma grand'mère attend ce jeune docteur...

JEANNETTE.

La Grise attend le sien aussi.

LÉONIDE.

C'est charmant!.. si Alfred pouvait...

JEANNETTE.

Si Thomas n'était pas si bête... Chut! v'là madame votre grand'maman.

LÉONIDE.

Cachons vite ce manuscrit dans mon panier. (Elle cache le cahier.)

SCÈNE V.

LES MÊMES, Mme D'AUBONNE.

Mme D'AUBONNE, entrant.

Eh bien! Léonide, avez-vous fait cette lettre?

LÉONIDE.

Bonne maman, la voilà. (Elle la lui présente.)

Mme D'AUBONNE, prenant la lettre.

Voyons!.. à peine si je puis lire, j'ai les nerfs dans un état d'irritation!.. et ce médecin qui n'arrive pas!

JEANNETTE.

Madame, il est p' tètre dans l' village, je vais aller au-devant d' lui.

LÉONIDE, à Mme d'Aubonne qui s'est assise sur une chaise et parcourt la lettre.

Cette bonne grand'maman qui souffre!.. (Bas à Jeannette.) Cours vite prévenir Alfred.

JEANNETTE, à part.

Et Thomas aussi, par la même occasion! (Elle sort par la porte du fond.)

SCÈNE VI.

Mme D'AUBONNE, LÉONIDE.

Mme D'AUBONNE, toujours assise.

Ah! ta lettre commence très bien!.. (Elle lit.) « Monsieur, je ne sais qui a » pu vous faire croire que je vous aimais...

LÉONIDE, à part.

Je suis bien curieuse de savoir ce qu'a fait son directeur! j'en suis restée à la page cinq... (Elle ouvre furtivement le manuscrit qu'elle a tiré de son panier.)

Mme D'AUBONNE, lisant.

« Nous ne nous reverrons plus.

LÉONIDE, lisant à part.

« Il me regarde tendrement en s'écriant: Ah! Véronique, quel bonheur de nous revoir!..

Mme D'AUBONNE, lisant.

« Les principes de morale de ma grand'mère ont fructifié dans mon cœur. » — Ah! très bien!

LÉONIDE, de même.

« Nous nous jurons un amour éternel; mes parens apprennent tout, Saint-Vallier va être chassé; je le cache dans le pavillon, où se trouve... » — Qu'est-ce que je lis là?.. oh! ça peut me servir... (Elle cache le cahier.)

Mme D'AUBONNE, finissant de lire.

« Oubliez jusqu'au nom de votre humble servante, Léonide. » — Allons, tu le vois, ça n'est pas si difficile; tu es une bonne petite-fille, bien obéissante! je suis très contente!..

LÉONIDE, avec intention.

Et moi aussi.

SCÈNE VII.

LES MÊMES, JÉROME, JEANNETTE, THOMAS, ALFRED.

JEANNETTE, entrant.

Madame, v'là le médecin!.. papa, v'là le vétérinaire!..

LÉONIDE, à part.

Quel bonheur! c'est Alfred!

ALFRED.

AIR : Autrefois, je pleurais.

Médecin du canton,
J'arrive sans façon
Me voici! (bis.)
N'ayez plus de souci.

THOMAS.

Comm' Monsieur, j'ai l'honneur,
D'être égal'ment docteur,
Oui, je suis maréchal
Et j' viens pour vot' cheval.

ALFRED.

On aime ma méthode,
Nos femmes à la mode
La trouvent fort commode;
Quand je les vois souffrir,
Afin de les guérir,
J'ordonne le plaisir.

Médecin du canton, etc.

THOMAS.

Maréchal du canton,
J'arrive sans façon,
Me voici, (bis.)
N'ayez plus de souci.

Mme D'AUBONNE, à Alfred.

Soyez le bien venu, monsieur; vous avez reçu ma lettre?

ALFRED.

Votre lettre!.. (Léonide lui fait un signe.) Oui... oui, madame... et je m'empresse de venir vous offrir mes soins.

JÉROME, à Thomas.

Ah! monsieur le vétérinaire, la Grise à ben besoin d' vous voir.

THOMAS.

Il paraît qu'elle a une fièvre de...

Mme D'AUBONNE.

J'éprouve des agitations nerveuses qui m'aigrissent le caractère...

JÉROME, à Thomas.

C'te pauvr' bête a des inquiétudes dans les jambes, elle ne fait que vous allonger des ruades.

THOMAS, à part.

Je suis perdu!..

ALFRED, à Mme d'Aubonne.

Mangez peu, le matin, et faites, après votre déjeuner, une petite promenade.

THOMAS, à Jérôme.

Donnez-lui beaucoup d'eau blanche, et faites-lui faire six lieues au grand galop.

Mme D'AUBONNE.

Docteur, tâtez-moi le pouls.

JÉROME.

Venez lui visiter le sabot.

THOMAS, à part.

Il va m'arriver quelque malheur!.. (Bas à Jeannette.) Jeannette, je crois que tu m'as donné un mauvais conseil. (Il sort avec Jérôme, Jeannette les suit.

SCÈNE VIII.

Mme D'AUBONNE, LÉONIDE, ALFRED.

Mme D'AUBONNE.

Ainsi, docteur, vous croyez qu'il n'y a pas de danger ?

ALFRED.

Aucun, madame, je vous le répète, la sobriété, l'exercice, le bon air... voilà les premiers principes de l'hygiène... parce que... la campagne... oh ! la campagne... vous comprenez... (A part.) Au diable la consultation : je ne sais plus ce que je dis.

LÉONIDE, riant à part.

Pauvre Alfred ! comme il s'embrouille !

Mme D'AUBONNE.

Ah ! docteur, vous me rassurez un peu ; je veux aussi que vous donniez vos soins à ma petite-fille.

ALFRED, vivement.

Mademoiselle serait-elle indisposée ?

LÉONIDE.

Je suis beaucoup mieux, depuis un instant.

Mme D'AUBONNE.

C'est égal ; ne lui trouvez-vous pas de la pâleur, de l'abattement ?

ALFRED.

En effet ! mademoiselle ne me paraît pas dans un état de santé parfaite.

Mme D'AUBONNE.

Il se pourrait ?

LÉONIDE.

Qu'est-ce qu'elle dit donc là ?

ALFRED, prenant Mme d'Aubonne à part.

Tenez, madame, je vais vous parler avec franchise...

Mme D'AUBONNE.

Ah ! mon Dieu !.. vous m'effrayez !

ALFRED.

Calmez-vous ; l'état de mademoiselle votre petite-fille, n'offre rien d'alarmant !.. mais à cet âge, la tête travaille, le cœur parle, et je crois qu'il lui faudrait...

Mme D'AUBONNE.

Quoi donc ?

ALFRED.

Un mari.

LÉONIDE.

Ah ! ça, grand'maman ! que dites-vous donc à monsieur ?

Mme D'AUBONNE.

Cela ne te regarde pas ; nous nous occupons de ta santé...(A Alfred.) J'ai déjà songé à ce que vous me dites là, et je ne suis pas éloignée...

ALFRED, à part.

Léonide lui aurait-elle parlé de moi ?

Mme D'AUBONNE.

Aussi, dès demain, elle verra son futur... M. de Vert-Bois, un ancien préfet, un voisin de campagne, un homme de la vieille souche.

ALFRED, vivement.

Monsieur de Vert-Bois, vous croyez ?.. mais, madame, prenez-y garde. peut-être mademoiselle a-t-elle déjà fait un choix ?

Mme D'AUBONNE.

Elle me parlait bien ce matin d'un M. Alfred.

ALFRED, vivement.

Ah !.. elle vous a parlé ?..

Mme D'AUBONNE.

Oui, un mauvais sujet, un fou, un Parisien, c'est tout dire... Ainsi, docteur, puisque tel est votre sentiment, je vais la marier à M. de Vert-Bois, le plus tôt possible.

ALFRED.

Mais, madame, je fais une réflexion... nous allons peut-être un peu vite... et...

Mme D'AUBONNE.

Oh! non, docteur, votre avis est excellent, et j'attends de vous un grand service.

ALFRED.

Parlez, madame.

Mme D'AUBONNE.

Restez, je vous prie, avec Léonide... Tout en causant avec elle, tâchez de la préparer à cette union; faites-lui comprendre adroitement que ce M. Alfred ne peut lui convenir, qu'il la rendrait très malheureuse... tandis que M. de Vert-Bois, au contraire...

ALFRED.

Mais, madame...

Mme D'AUBONNE.

Allons, c'est convenu!.. vous voyez, je vous la confie sans crainte, comme à un ami... (Appelant.) Léonide?

LÉONIDE, qui était à broder au fond se rapprochant.

Grand'maman?..

Mme D'AUBONNE.

Je te laisse seule avec M. le docteur... c'est un grand médecin, ma chère amie!.. aie toute confiance en lui.

LÉONIDE.

Oui, bonne maman... (Riant à part.) Ah, ah, ah!.. un grand médecin!.. Alfred!..

Mme D'AUBONNE, à part.

Pendant ce temps, je vais porter à la poste la lettre qui congédie M. Alfred... je ne me fie qu'à moi... (A Alfred en sortant.) Au revoir, docteur... je compte sur vous! (Elle sort, Léonide la reconduit.)

LÉONIDE, parlant au fond pendant qu'Alfred lui baise la main.

N'ayez pas d'inquiétude, grand'maman, je me sens tout-à-fait bien!..

SCÈNE IX.

LÉONIDE, ALFRED.

ALFRED.

Enfin, elle est partie!.. Léonide! ma chère Léonide!.. je puis enfin vous parler!..

LÉONIDE, riant.

Ah, ah, ah!.. je ne savais pas, monsieur, que vous étiez un grand médecin.

ALFRED.

C'est ça! moquez-vous de moi!..

LÉONIDE.

Ah!.. la consultation a été longue... eh bien! monsieur le docteur, quel régime dois-je suivre, maintenant?.. qu'avez-vous décidé, avec ma grand'mère?..

ALFRED.

Votre grand'mère a décidé qu'il vous fallait un mari.

LÉONIDE, riant.

Ah, ah, ah!.. la drôle d'idée!..

ALFRED.

Rire ainsi, quand je vais vous perdre, quand vous allez appartenir à un autre!

LÉONIDE.

Allons, allons, rassurez-vous; j'ai appris bien des choses, depuis que je suis ici; laissez-moi faire, soyez bien gentil, bien obéissant, et je vous promets que tout ira bien!

ALFRED.

Mais, ce M. de Vert-Bois qu'on veut vous faire épouser, il faut que je me fasse connaître à votre grand'mère.

LÉONIDE.

Gardez-vous-en bien, elle a son idée fixe.

ALFRED.

Et puisqu'elle ne veut vous unir qu'à quelqu'un d'une ancienne famille, eh bien! je lui dirai que je suis le fils de M. de Saint-Vallier, ancien capitaine aux mousquetaires de la reine.

LÉONIDE, à part.

Saint-Vallier!.. un mousquetaire... tiens! tiens! tiens!.. comme dans les souvenirs.

SCÈNE X.

LES MÊMES, JEANNETTE, THOMAS.

JEANNETTE, accourant.

Mamzelle! mamzelle!..

LÉONIDE.

Qu'y a-t-il?.. pourquoi cet air effaré?

JEANNETTE.

Le vrai médecin vient d'arriver au château.

THOMAS, accourant aussi.

V'là l'vrai vétérinaire qui entre dans l'écurie.

JEANNETTE.

Nous sommes perdus.

ALFRED.

Que faire?..

THOMAS.

La Grise m'a déjà donné un coup d' pied, ton père va m'en donner bien d'autres... tâchons de déguerpir.

ALFRED.

Mais je ne sais par quel moyen... (Désignant la porte du fond.) Ah! par cette porte?..

LÉONIDE.

Du tout! du tout!.. comme dans les mémoires!.. à la page seize... le mousquetaire, la cachette, le portrait!

ALFRED, très étonné.

Page seize? le mousquetaire? les mémoires?.. qu'est-ce que tout cela signifie?..

LÉONIDE.

Laissez-moi faire... passez dans ce pavillon...

(Elle ouvre la porte du pavillon, y pousse Alfred et le suit.)

ALFRED, dans le pavillon examinant le portrait.

C'est singulier!.. ce portrait... c'est celui de mon père!..

LÉONIDE.

Votre père!.. comme ça se rencontre...

ALFRED.

Mais, comment se fait-il?..

LÉONIDE.

Allons, allons, monsieur, cela ne vous regarde pas... voyez... ce tableau tourne sur lui-même (Elle le fait pivoter.) et masque une cachette... entrez-y vite, et restez-y jusqu'à ce que je vienne vous délivrer.

ALFRED, à part.

Comment peut-elle imaginer tout cela?..ma foi! je n'y comprends rien... mais laissons-nous conduire...

(Il se cache, Léonide remet le portrait en place, sort du pavillon et remonte la scène pour voir si sa grand'mère ne revient pas.)

JEANNETTE, qui pendant ce temps s'est disputée avec Thomas.

A ton tour, Thomas, je te dis qu'il faut te cacher aussi.

THOMAS.

Mais où?..

JEANNETTE.

Dans la niche à Turc.

THOMAS.

Jeannette, tu n'y penses pas... et ma dignité d'homme!.. c'est me ravaler jusqu'à la brute.

JEANNETTE.

J'entends mon père... (Prenant une tranche de pâté sur la table à gauche.) Tiens!.. emporte ce reste de pâté, ça te distraira en attendant que je te fasse sortir de la niche... (Le poussant vers la niche qui est à droite.) Va donc! va donc!..

THOMAS, entrant dans la niche.

Jeannette, Jeannette, c'est encore un mauvais conseil.

SCÈNE XI.

LÉONIDE, JEANNETTE, Mme D'AUBONNE, JÉROME.

Mme D'AUBONNE.

Où sont-il ces deux imposteurs? que je les confonde!.. mais je ne les vois pas?..

LÉONIDE.

De qui parlez-vous donc, grand'maman?..

Mme D'AUBONNE.

Eh! mademoiselle, de ce prétendu médecin?

JÉROME.

De ce faux vétérinaire?

LÉONIDE.

Comment, grand' mère, ce n'était pas un vrai docteur?..

Mme D'AUBONNE.

Petite dissimulée!.. faites donc semblant de ne rien savoir?.. mais où sont-ils? où sont-ils?..

JEANNETTE.

Ah! pardine! il y a long-temps qu'ils ont décampé...

Mme D'AUBONNE.

C'était sans doute votre mauvais sujet d'Alfred?

JÉROME.

C'était ton imbécile de Thomas?..

Mme D'AUBONNE.

Que ce monsieur s'avise de revenir, je me charge de le recevoir..

JÉROME.

Et le vétérinaire donc!.. que je le rattrape... queux coups de gaule!..

Mme D'AUBONNE.

Pour plus de précaution, Jérôme, allez chercher la clé du jardin, et fermez cette petite porte à double tour.

JÉROME.

Oui, madame.

Mme D'AUBONNE, à Léonide.

Allons, mademoiselle, nous allons nous mettre à table, j'ai fait avancer l'heure du dîner... Ce monsieur qui me mettait à la diète! par exemple!..

LÉONIDE.

Je vais vous suivre, grand'maman.

Mme D'AUBONNE.

Ah! je sens que la surveillance d'une jeune fille est trop difficile pour moi, aussi, dès demain, je vous renvoie à vos parens, que j'engagerai à vous marier sur-le-champ, avec celui dont je leur ai parlé.

(Elle sort suivie de Jérôme.)

SCÈNE XII.

JEANNETTE, LÉONIDE, puis ALFRED.

LÉONIDE, avec joie.

Bravo! bravo! ça marche bien... comme dans les souvenirs... Jeannette, regarde si grand'maman revient sur ses pas... (Jeannette va au fond.) Maintenant rappelons-nous bien ce que j'ai lu... faisons comme à la page dix-sept, délivrons d'abord Alfred... (Elle va dans le pavillon et appelle.) Alfred! Alfred!.. elle est partie, vous pouvez sortir... (Elle ouvre la cachette.)

ALFRED, paraissant et sortant du pavillon.

Ouf!.. j'étouffais là-dedans.

LÉONIDE.

Ah! dame!.. le mousquetaire ne devait pas être à son aise, non plus...

ALFRED, étonné.

Le mousquetaire?..

LÉONIDE, à part.

Moi, qui vais lui parler du bon ami de grand'maman!.. (Haut.) Vous avez tout entendu?..

ALFRED.

Oui, on va vous marier, et demain vous partez... que faire?..

LÉONIDE.

Vous êtes embarrassé, n'est-ce pas?.. Eh bien! moi, je connais un moyen.

ALFRED.

Lequel ?.. oh ! parlez, Léonide !..

LÉONIDE.

Pour que notre projet réussisse, il faudra, monsieur, m'obéir en tout.

ALFRED.

Oui, Léonide !.. je suivrai tout ce que vous dictera votre amour...

LÉONIDE.

Et la page dix-sept ?..

ALFRED, étonné.

La page dix-sept ?..

LÉONIDE, se reprenant.

Oh ! rien !.. écoutez-moi... (A part.) Tâchons de bien me rappeler... (Haut.) « Il faut d'abord, une chaise de poste et quatre chevaux, des pistolets, et » puis de l'or... beaucoup d'or...

ALFRED.

Pourquoi faire, tout cela ?

LÉONIDE.

Monsieur, il ne faut pas m'interrompre... (A part.) Là, je ne me souviens plus comment on a enlevé ma grand'mère... ah ! j'y suis (Haut.) « Ensuite, » à la nuit tombante, je suis dans ce jardin, vous arrivez sous ce mur... » pour signal, vous frappez trois coups dans la main... vous jetez une échelle » de soie et vous escaladez, couvert d'un manteau couleur de muraille... » Maintenant, je vais rejoindre ma grand'mère qui m'attend ; à ce soir, souvenez-vous bien de tout ce que je vous ai dit... On vient !.. mais allez donc, monsieur, allez donc !..

ALFRED, à part.

Décidément, je m'y perds !.. (Il sort par la porte du fond, Léonide par le côté.)

SCÈNE XIII.

JEANNETTE, puis THOMAS.

JEANNETTE.

Comme c'est utile de savoir lire, quelle bonne trouvaille que les souvenirs de madame !.. mamzelle les met joliment à profit... ça va me servir aussi à moi... oui, mais Thomas est si bête... c'est égal, appelons-le... (Elle se dirige vers la niche et appelle à voix basse.) Thomas ?.. tu peux sortir de la niche... ici, Thomas !..

THOMAS, sortant de la niche.

Oh ! la, la !.. oh ! la, la !..

JEANNETTE.

Qu'est-ce que tu as ?

THOMAS.

J'ai... que tu me donnes toujours de mauvais conseils.

JEANNETTE.

C'est ça, plains-toi !.. tu n'étais peut-être pas bien dans c'te niche ?

THOMAS.

Ma parole d'honneur, tu me fais faire un métier de... il n'y a place que pour un, là-dedans, et nous étions deux !.. avec ça que Turc est un égoïste, il a pris le beau milieu, et moi, il m'a jeté dans la ruelle... quel être monotone que ce Turc !.. quel tête-à-tête insupportable !..

JEANNETTE.

Tu n'as pas dû t'ennuyer ? car tu as emporté la moitié d'un pâté.

THOMAS.

C'est vrai, mais Turc était là... il m'a tout dévoré ; il est si mal élevé c't animal-là, il vous mange dans la main... j'ai voulu lui faire quelques observations, il s'est mis à grogner, et m'a donné un coup de dents... c'est un antropophage !..

JEANNETTE.

Il ne s'agit pas de cela.

THOMAS.

Tu vas encore me donner un mauvais conseil ?

JEANNETTE.

Ecoute ; mamzelle va être enlevée ce soir par son amoureux, il faut que tu m'enlèves aussi.

THOMAS.

Tout seul ? je ne pourrai jamais.

JEANNETTE, cherchant à se rappeler.

Voyons, comment qu'elle lui a dit ça ?.. ah ! Il faut que tu te procures une chaise de poste.

THOMAS.

Une chaise de poste ? bien, j'emprunterai la charette à Larfaillou.

JEANNETTE.

Et puis quatre chevaux.

THOMAS.

Quatre chevaux ?.. j'aurai la bourique de la mère Chauvassu, et le grand sauteur.

JEANNETTE.

Il en faut quatre ?

THOMAS.

Jeannette !.. n'aie pas trop d'ambition... contente-toi d'la bourique et du grand sauteur.

JEANNETTE.

De l'or... beaucoup d'or !..

THOMAS.

Je n'ai qu'une pièce de quinze sous.

JEANNETTE.

Dès qu'il fera nuit, trouve-toi derrière ce mur... tu feras un signal...

THOMAS.

Je chanterai la Parisienne.

JEANNETTE.

Tu auras aussi dans ta poche une échelle de soie.

THOMAS.

Ou ben encore la grande échelle qui sert, quand on va gauler les noix.

JEANNETTE.

Et tu escaladeras le mur, avec un manteau couleur de muraille...

THOMAS.

Comme qui dirait ma blouse bleue, après ?

JEANNETTE, le reconduisant.

A présent, va-t-en vite !.. le jour baisse, on va venir fermer la porte... surtout pas de bruit ; de la prudence, car papa fait sa ronde toutes les nuits...

THOMAS.

Tu vois bien ! je parie que c'est encore un mauvais conseil... c'est égal, je m' risque, je vas bientôt revenir.

(Il sort par la porte du fond, la nuit vient par degrés.)

JEANNETTE.

V'là la nuit, allons retrouver mamzelle pour savoir ce qui m' reste à faire.

(Elle va pour sortir.)

SCENE XIV.

JEANNETTE, LÉONIDE.

LÉONIDE.

Ma grand'mère s'est endormie après son dîner... voici l'heure à laquelle Alfred doit se trouver au rendez-vous... me voilà donc arrivée à la page vingt-trois... (Elle se heurte contre Jeannette.) Qui est là ?..

JEANNETTE.

C'est moi, mamzelle.

LÉONIDE.

Que fais-tu donc là, Jeannette ?

JEANNETTE.

Vous attendez M. Alfred, moi, j'attends Thomas ; je veux être enlevée aussi !..

LÉONIDE.

Vraiment ?.. mais dis-moi, Jeannette, ce que nous allons faire, n'est peut-être pas bien ?

JEANNETTE.

Songez, mamzelle, que demain vous allez perdre votre bon ami... d'ailleurs, nous ne faisons que suivre l'exemple de madame votre grand'maman.

LÉONIDE.

Au fait, tu as raison.

JEANNETTE.

Que vous êtes heureuse, mamzelle!.. vous allez être ben enlevée... moi, j' n'aurai pas ce bonheur; Thomas est si maladroit!

LÉONIDE.

Ah ça! Jeannette, nous devons au moins leur résister?

JEANNETTE.

Dame! je ne sais pas, c'est la première fois que cela m'arrive... regardez dans votr' livre, nous verrons ce que nous devons faire.

LÉONIDE.

Précisément, nous en étions à l'endroit où grand'maman attend son petit mousquetaire... mais comment lire, il fait trop sombre.

JEANNETTE.

Pardine!.. entrons dans ce pavillon, nous trouverons tout ce qu'il faut pour allumer une bougie. (Elles entrent dans le pavillon, Jeannette allume une bougie avec un briquet phosphorique.)

LÉONIDE, tirant le manuscrit de son panier.

Dépêchons-nous vite, avant qu'Alfred n'arrive... (Lisant.) « On m'avait »enfermée dans ma chambre; un orage se prépare.» — Quel dommage, il ne pleut pas! — « Saint-Vallier paraît, me lance l'échelle de soie que j'atta- »che à la barre de la croisée... il monte; tout-à-coup ses pieds s'embarras- »sent, sa main lâche prise, il tombe du premier sur une couche de me- »lons. » — Ah! mon Dieu!.. je tremble pour Alfred!..

JEANNETTE.

Pourvu que Thomas ne se casse rien!..

LÉONIDE, lisant.

« Il se relève et remonte... il est auprès de moi, il se jette à mes genoux, » il prend mes mains qu'il couvre de baisers, je lui donne un soufflet »... (S'interrompant.) Tiens!.. il faut donner un soufflet!

JEANNETTE.

Je retiendrai ça.

LÉONIDE, continuant.

« Bientôt je n'ai plus la force de me défendre... et nous faisons une partie » d'ânes à Montmorency, avec le jeune d'Aubonne mon futur. »

JEANNETTE.

Ah! ça... mais, mamzelle, ça n' se suit plus...

LÉONIDE.

Tu as raison, il manque quelque chose... je crois bien, il y a un feuillet de moins... la page vingt-quatre... elle a été arrachée... que c'est contrariant.

JEANNETTE.

Nous voilà bien avancées!

LÉONIDE, réfléchissant.

Qu'est-ce qu'il pouvait donc y avoir sur la page vingt-quatre?..

AIR : Je sais arranger des rubans,

Dans mes amours, pour sortir d'embarras,
De grand'maman je consulte l'ouvrage;
Sans son secours, je n'ose faire un pas,
Et je m'instruis, enfin, à chaque page...
Mais pour être heureuse, à mon cœur,
Il manque quelque chose encore;
Peut-être bien que le bonheur,
Est dans la page que j'ignore!..

SCÈNE XV.

LES MÊMES, dans le pavillon, Mme D'AUBONNE, JÉROME.

Mme D'AUBONNE.

Jérôme, fermez cette porte, et veillez bien toute la nuit.

JEROME.

Soyez paisible, madame, je lâcherai Turc, et je mettrai du plomb à loup dans mon fusil.

Mme D'AUBONNE.

Oh! non, Jérôme, je ne veux pas la mort du pècheur.

JÉROME.

Alors, j'y mettrai du sel. (Il sort après avoir fermé la porte à double tour.)

Mme D'AUBONNE.

Mais où donc est Léonide?.. elle m'a quittée, pendant que je dormais... Que vois-je! de la lumière dans ce pavillon?.. (Elle y entre et les surprend, lisant.) Que faites-vous là, mesdemoiselles, à l'heure qu'il est?

LÉONIDE, à part.

Ciel!.. grand'maman!..

Mme D'AUBONNE.

Sortez bien vite d'ici... (Léonide et Jeannette sortent du pavillon.) Mais qu'est-ce que vous cachez là?.. c'est un livre?

LÉONIDE, embarrassée.

Ça... c'est la morale en action...

Mme D'AUBONNE.

Voyons, voyons... (A part.) Grand Dieu! mes souvenirs!.. (Haut.) Et vous avez tout lu?

LÉONIDE.

Oh! je les sais par cœur.

Mme D'AUBONNE.

Imprudente que je suis!.. malheureuse enfant!.. ah! je me sens défaillir.

(Elle tombe sur une chaise.)

LÉONIDE.

Ah, mon Dieu!.. Jeannette, elle se trouve mal... ma grand'mère... qu'avez-vous?.. desserons-la.

(En la desserrant, un papier tombe à terre.)

Mme D'AUBONNE, revenant à elle, à part.

J'en mourrai de honte!.. (Haut.) Ne croyez pas un mot de tout cela, mademoiselle, je vous le défends... c'est une histoire inventée à plaisir.

LÉONIDE.

Bonne maman, je vous crois.

Mme D'AUBONNE.

Je vais de ce pas brûler ce manuscrit... Que je me sens faible... après tant d'émotions, j'ai grand besoin de repos... (A Jeannette.) Voyons, petite sotte, prenez cette bougie et conduisez Léonide dans sa chambre. (A part.) Tout est bien fermé... Jérôme veille, je pourrai dormir tranquille... Ah! ne me parlez pas des jeunes personnes d'à présent... ah! mes nerfs, mes nerfs!..

(Elle sort.)

SCENE XVI.

LEONIDE, JEANNETTE.

LÉONIDE.

Ma grand'mère va reposer... tant mieux! mais quel malheur qu'on ait déchiré une page de son manuscrit.

JEANNETTE, la bougie à la main.

C'était p't'être c' qu'il y avait de plus utile à savoir... Tiens! v'la un papier à terre; est-ce à vous, mamzelle?

LÉONIDE.

Non; donne toujours... Eh mais!.. c'est l'écriture de ma grand'mère.

JEANNETTE.

Ah! je me rappelle à présent... j'ai vu tomber ce papier, pendant que je la délaçais.

LÉONIDE.

C'est le format des souvenirs... (Avec joie.) C'est la page qui manquait!..

JEANNETTE.

Quel bonheur!..

LÉONIDE.

Approche vite la lumière; nous en sommes restées à ce passage, je crois... « Il me prend les mains qu'il couvre de baisers... je n'ai plus la force » de me défendre... [illegible] Ah! mon Dieu!.. ah! mon Dieu!.. ah! mon Dieu!..

JEANNETTE.

Qu'est-ce qu'il y a donc, mamzelle? oh! dites-moi... dites-moi...

LÉONIDE.

Tiens... lis toi-même...

JEANNETTE, après avoir lu.

Ah! mon Dieu!.. (Elles se regardent toutes deux avec étonnement; on entend frapper trois coups dans la main.)

LÉONIDE.

Voilà le signal...

JEANNETTE.

C'est monsieur Alfred!.. j'vous laisse ensemble.

LÉONINE.

Non!.. ne me quitte pas, Jeannette... ne me quitte pas.

JEANNETTE.

Ne craignez rien; je suis là! (Elle s'éloigne.)

SCÈNE XVII.

LÉONIDE, ALFRED, escaladant le mur au fond.

ALFRED, avec mystère.

Me voici... personne ne m'a vu!..

LÉONIDE, jouant la surprise.

Comment?.. c'est vous, M. Alfred?.. que venez-vous faire ici, à l'heure qu'il est? (A part.) Je suis toute tremblante.

ALFRED.

Vous le voyez, je suis fidèle au rendez-vous... minuit... l'échelle... une chaise de poste sur la route... comme nous en sommes convenus.

LÉONIDE.

Que voulez-vous dire? je ne vous ai pas donné de rendez-vous... nous ne sommes convenus de rien.

ALFRED.

Vous ne vous rappelez donc plus?.. ah! je le vois, la crainte, l'émotion... (Voulant la prendre dans ses bras.) Léonide!.. vous ne m'en êtes que plus chère.

LÉONIDE, reculant.

Ne m'approchez pas, monsieur!..

ALFRED, approchant davantage.

Léonide!..

LÉONIDE, lui donnant un soufflet.

Là, monsieur, ça vous apprendra...

ALFRED.

Que vous êtes méchante!..

LÉONIDE, à part.

Je ne lui ai pourtant pas donné si fort que grand'maman à son mousquetaire?..

ALFRED.

Ne redoutez rien; je vais vous conduire à Paris, chez une de mes parentes... là, nous solliciterons votre grand'mère, et nous ferons tant, qu'elle reviendra de ses préventions contre moi.

AIR : Je ne suis qu'un vieux bonhomme.

Fuyons vite avec mystère,
Venez, l'amour nous attend...

LÉONIDE, à part.

C'est comme le mousquetaire,
Qui parlait à grand'maman.

ALFRED.

Oui, cédez à ma prière...

LÉONIDE.

Non, monsieur... séparons-nous...
(A part.) Ah! vous le voyez, grand'mère...
Je suis plus sage que vous.

ALFRED.

Un baiser, ma tendre amie,
Je le demande à genoux!
A l'amant qui te supplie,
Accorde un gage si doux!..

LÉONIDE.

Vous êtes bien téméraire,
Monsieur, craignez mon courroux.
(A part.) Ah! vous le voyez, grand'mère,
Je suis plus sage que vous.

ALFRED.

Ne me résistez plus, il faut me suivre, Léonide!.. (Il veut l'entraîner.)

LÉONIDE, s'échappant.

Laissez-moi, M. Alfred!.. laissez-moi, ou je vais appeler!..

ALFRED.

Pourquoi tant de rigueur?.. vous qui, dans toute cette journée, m'avez montré tant de confiance... vous, qui avez imaginé les stratagèmes qui ont protégé jusqu'ici notre amour, qui avez consenti à ce rendez-vous... et qui deviez me suivre, pour fuir un hymen, que vous abhorrez... Léonide, vous ne m'aimez donc plus?..

LÉONIDE.

Si!.. et c'est pour être à vous à jamais que je vous résiste.

ALFRED.

Quel langage!.. quand ce matin...

LÉONIDE.

Oui, ce matin, sans expérience, confiante dans mon amour, j'ignorais le mal; mon cœur m'égarait, de perfides conseils me conduisaient à ma perte; mais le hasard qui m'a si cruellement servie, m'a fait voir aussi l'abîme où j'allais tomber... Alfred!.. ayez pitié de moi... oubliez ce que j'ai déjà fait, je veux rester digne d'être votre femme.

ALFRED.

AIR: Je suis soldat, j'en jure sur l'honneur.

Mais cet hymen dont mon âme est jalouse,
Il faut le fuir, venez... ma vive ardeur
Respecte en vous une future épouse.
Je sais, de moi, ce qu'exige l'honneur!

LÉONIDE.

Non!.. j'écoutais un conseil trop funeste,
Il flattait tant les penchans de mon cœur...
Mais j'aperçois le danger et je reste...
Je sais de moi ce qu'exige l'honneur.

(En ce moment, une grande échelle paraît au-dessus du mur, au fond. Thomas monte en dehors, en chantant.)

THOMAS, au-dessus du mur.

En avant, marchons,
Contre leurs canons, etc.

(Un coup de fusil part de la coulisse à droite.)

(Criant.) Oh! la, la!.. au secours! au voleur!..

(Il disparaît de l'échelle en dehors.)

ALFRED.

Qu'est-ce que j'entends là?

SCÈNE XVIII.

LES MÊMES, Mme D'AUBONNE.

Mme D'AUBONNE, accourant par la gauche.

Quel est ce bruit?..que vois-je! un jeune homme avec ma petite-fille!.. ah! c'est ce prétendu médecin!..

ALFRED.

De grace, madame... écoutez-moi.

Mme D'AUBONNE.

Je ne veux rien entendre! et vous, mademoiselle, vous ne rougissez-pas... à votre âge?.. voilà donc où vous a conduite la lecture des romans?

LÉONIDE, avec intention.

Non, ma grand'maman.. j'ai lu tout cela dans l'histoire...

Mme D'AUBONNE, à part.

Elle veut parler de mes souvenirs... heureusement, que j'en ai enlevé une page... (Cherchant sur elle.) Ah! mon Dieu!.. je ne l'ai plus!..

LÉONIDE, la lui rendant.

La voici...

Mme D'AUBONNE, à part.

Pauvre enfant!.. elle est perdue!..

LÉONIDE.

C'est la seule que j'ai sautée du roman de votre vie.

AIR du Baiser au porteur.

Je fus séduite par le titre,
Ce livre flattait mes désirs...
Je l'ai suivi, chapitre par chapitre,
Car je voulais dans mes loisirs,
Ecrire aussi mes souvenirs!
Votre roman a su me plaire,
Je l'ai traduit en entier... cependant,
Vous me pardonnerez grand'mère,
D'avoir changé le dénoûment!

Mme D'AUBONNE.

Vrai!.. bien vrai?.. ah! viens, que je t'embrasse, tu vaux mieux que moi... (A Alfred avec sévérité.) Quant à vous, monsieur, votre conduite est sans excuse, et vous devez comprendre que votre présence ici?..

ALFRED.

Madame, j'implore mon pardon!.. depuis long-temps, j'adore Léonide: mes vues sont pures, et mon bonheur serait d'obtenir sa main!

Mme D'AUBONNE.

Ma petite-fille, à vous! un inconnu...

ALFRED.

J'appartiens à une famille honorable, qui approuve mon amour... vous connaissez sans doute le nom de Saint-Vallier?..

Mme D'AUBONNE.

Saint-Vallier!.. quoi! seriez-vous?..

LÉONIDE, à mi-voix.

Eh! oui, grand'maman, le fils du mousquetaire des souvenirs.

Mme D'AUBONNE, avec émotion.

Le fils de... ah! jeune homme!.. jeune homme!.. votre père était un bien aimable mauvais sujet!..

ALFRED.

Ah! madame!.. ne me refusez pas... accordez-moi la main de Léonide; nous resterons près de vous... nous nous ferons une étude de vous rendre heureuse

Mme D'AUBONNE, à part.

Il a la voix de son père... on ne peut rien lui refuser.

SCÈNE XIX.

LES MÊMES, JEANNETTE, JÉROME, tenant THOMAS par l'oreille.

JÉROME.

Ah! ah! mon gaillard!..

THOMAS.

Mais lâchez donc! M. Jérôme!..

JEANNETTE.

Papa, papa!.. ne tirez pas si fort.

Mme D'AUBONNE.

Qu'y a-t-il donc, Jérôme?

JÉROME.

Est-ce qu'il ne voulait pas escalader notr' mur, pour enl'ver notr' fille... mais j' lui ai envoyé un' poignée d' gros sel, je l' tiens!.. et il n'en est pas quitte!..

THOMAS, à Jeannette d'un ton lamentable.

Je te l' disais bien, Jeannette... il m'en cuit joliment d'avoir suivi tes conseils.

JEANNETTE, toute tremblante.

Ah! madame... ah! mamzelle, sauvez ce pauvre Thomas.

LÉONIDE, bas à Mme d'Aubonne.

Grand'maman... c'est encore un peu la faute des souvenirs.

Mme D'AUBONNE.

Allons, allons! Jérôme, ne soyons pas trop sévères... nous avons été jeunes aussi...

JÉROME.

Vous croyez?..

Mme D'AUBONNE.

Ne l'oublions pas...si ces enfans se conviennent, mariez-les, c'est ce qu'il y a de mieux à faire maintenant.

JÉROME.

Si c'est la volonté de madame...

JEANNETTE.

Oh! quel bonheur!..Thomas!..mon gros Thomas!..tu vas être mon mari... tu me seras toujours fidèle, tu ne seras pas jaloux, tu feras toutes mes volontés.

THOMAS.

Jeannette!.. Jeannette... ne me donne pas de mauvais conseils!..

LÉONIDE, au Public

AIR de l'Apothicaire.

Messieurs, dans le meilleur roman
Le bon au mauvais se marie;
En faveur du bon, cependant,
Le plus mauvais endroit s'oublie;
Nous vous demandons, cette fois,
Même faveur pour cet ouvrage,
Applaudissez les bons endroits,
Et tournez la mauvaise page.

FIN.

www.ingramcontent.com/pod-product-compliance
Lightning Source LLC
LaVergne TN
LVHW052027160826
845678LV00003B/1235

* 9 7 8 2 3 2 9 6 2 4 5 9 4 *